一秒でほっとする言葉

がんばりすぎの
あなたへ

日下由紀恵
Kusaka Yukie

永岡書店

この本を
開いてくださったあなたへ

パラパラとページをめくって、
今の気持ちに合った言葉を探してみましょう。
あなたが必要としているメッセージがきっと見つかって、
導く“光”となってくれることでしょう。

今の気持ちからアドバイスを得る

【愛／感謝／しあわせ】については主に、
p.006 ～ p.077 でふれています。
【悩み／迷い／不安／孤独】については、
p.078 ～ p.177 から探してみるといいでしょう。
【つらい／うまくいかない／報われない／自信がない】時には、
p.178 ～ p.253 をご覧ください。

好きな時に好きなように読む

なんとなく気になる言葉や写真があったらそこから読んでみたり、
最初から順番に読み進めたり……自由にご覧ください。
夜眠る前や朝起きた時にパッとページをめくれば、
今日一日の気づきがあるでしょう。

読んだ後は「がんばる」のをお休みする

いつもがんばりすぎてしまうあなた、少し肩の力を抜いてみませんか。
ちょっとだけ、がんばるのをやめてみましょう。

あなたに贈る言葉
words to you

言葉とともに写真も見て
感じてください。

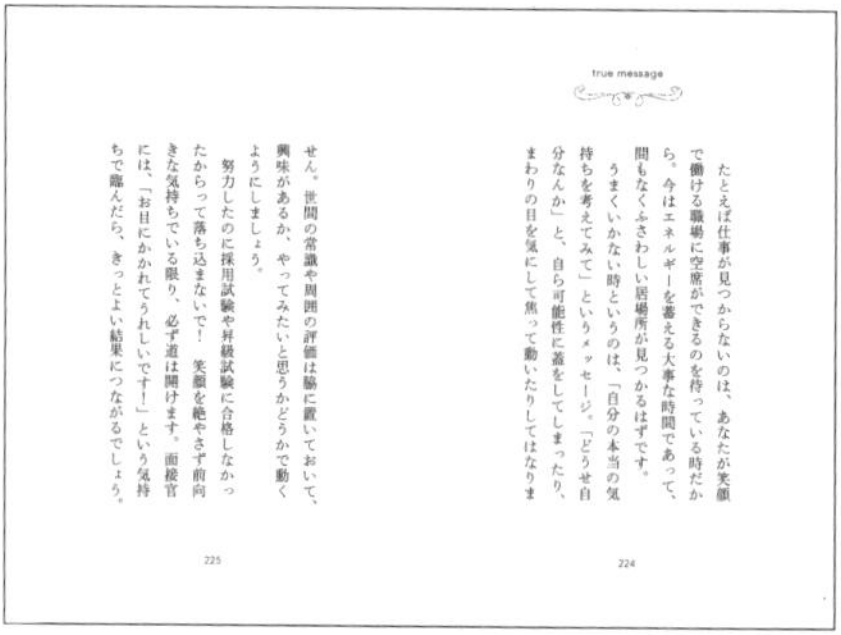
true message

たとえば仕事が見つからないのは、あなたが笑顔で働ける職場に空席ができるのを待っている時だから。今はエネルギーを蓄える大事な時間であって、間もなくふさわしい居場所が見つかるはずです。

うまくいかない時というのは、「自分の本当の気持ちを考えてみて」というメッセージ。「どうせ自分なんか」と、自ら可能性に蓋をしてしまったり、まわりの目を気にして焦って動いたりしてはなりません。世間の常識や周囲の評価は脇に置いておいて、興味があるか、やってみたいと思うかどうかで動くようにしましょう。

努力したのに採用試験や昇級試験に合格しなかったからって落ち込まないで！　笑顔を絶やさず前向きな気持ちでいる限り、必ず道は開けます。面接官には、「お目にかかれてうれしいです！」という気持ちで臨んだら、きっとよい結果につながるでしょう。

224

225

あなたへのメッセージ
message to you

「あなたに贈る言葉」を
もっと深めたい方への
ページです。

Staff

デザイン　白畠かおり
構成　コバヤシヒロミ
校正　西進社

※本書は弊社発行『神様からの Gift Word』に加筆・修正を行って再編集し、改題したものです。

prologue

はじめに

毎日しんどい思いをしていませんか。

失敗してしまったり、思いどおりにいかなかったりして、一人でくよくよと悩んでいませんか。

落ち込んで前に進めない時、先が見えなくて人生をあきらめてしまいそうな時、不思議と私たちは助けてくれる言葉に出会います。

がんばっているのに報われない、不安で眠れない、誰かに嫌なことを言われて傷ついた、未来に希望を見出せない……そんな時、この本を開いてみてください。そこにある言葉が、あなたの心の疲れを癒し、生きるヒントをくれるでしょう。

本書に綴られた言葉は、がんばり屋さんのあなたがほっとひと息つけるように、そして「明日はきっとだいじょうぶ」と元気を取り戻せるようにと、祈りを込めて私が選んだものです。

今どんな困難に直面していようとも、いつか笑顔でふり返ることができる日が必ずやってきます。

あなたは、こんなにがんばっているんだもん。

必ずよくなるよ！

自分の人生がよくなるということを、まずあなたが信じてあげましょう。

みなさんの今日、この時からが、あたたかなしあわせで満たされますよう、心よりお祈り申し上げます。

日下由紀恵

messenger of god

どんな時も救う神あり。

思いもよらぬ出来事に突然おそわれて、この後どうやって生きていけばいいのか、一体誰に助けを求めたらいいのか。真っ暗闇の中、一人取り残されてしまった……。そんなふうに、自分はひとりぼっちだと思っていても、どんな暗闇にも一筋の光がさす瞬間があります。その時、あなたを支えてくれる人、助けてくれる誰かが必ず現れるでしょう。

時には、これ以上前に進むことができないと、あきらめかけたこともあったにちがいありません。そんな時、ふと空を見上げて、変わった形の雲や美しい日の光を見つけて感動を覚えたなら、それは、「前進してだいじょうぶ！」という〝神様〟からの合図。

実際に声をかけてくれる近くの人だけでなく、遠くに見える雲や光もあなたの強い味方。ほんの〇・一ミリでも「一歩踏み出してみよう」と思えるようになるでしょう。

to my beloved

あなたのことが、大好きだよ。

to my beloved

大好きな人はいますか。

その人を思うと、それだけであたたかい気持ちになる、笑顔になる。そんな人に出会ったことはありますか。

自分と同じように、相手も自分のことを思ってくれているだろうか、つい心配になってしまうもの。でも、わかるのは自分の気持ちだけ。相手に同じ思いを求めても、エネルギーを消耗するだけです。

だったら、かけがえのない素敵な人に出会えたというキセキを喜びましょう。

こんなにも素敵な人に出会えた自分を、祝福しましょう。自慢する気持ちを持ちましょう。

その笑顔が喜びの輪を広げ、あなたの大好きな人たちを笑顔にします。

それと……あなたが思うよりずっと、相手はあなたのことを大切に思っていたりするものですよ。

nature

風、雨、雪……。すべてに心があります。

風に揺れる木々、雨の日のカフェ、真っ白な雪に覆われる道……。天気は、日々の景色をもののみごとに変えてしまいます。その景色を目にするだけで、気分が上がったり、落ち着いたりしますよね。自然というのは私たちの心を動かす身近な存在です。

そんな自然にも〝心〟があると考えてみましょう。もし今日の雨が、あなたの悲しみに寄り添って一緒に泣いてくれているとしたら。もし太陽が、あなたの傷ついたハートを一生懸命あたためて癒してくれているとしたら。

かわいい形をした雲、美しい夕焼け、雲間から現れる一筋の光。目に映るものすべてに心があって、それらはあなたの悲しみや悔しさ、つらさや疲れを、「わかってるよ」と、何も言わずに抱きしめてくれています。自然は毎日景色を変えながら、あなたに寄り添っているのです。

peace of mind

あした、天使が降りてきます。

あぁ、また失敗した。またうまくいかなかった。やらなきゃいけないことが山積みなのに、何ひとつ終わっていない……。そんな時、自分のふがいなさにがっかりしてしまうもの。

仮に今日、やらなきゃいけないことが十あったとしても人間が一日のうちにできることは、せいぜい二つか三つ。だからあなたはよくやった。

できなかった分はあした、またやればいいんです。

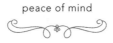

あしたになれば、あなたのところに天使が降りてきます。あしたはあしたでちゃんと、物事はうまく進むようになっています。

だから、たとえ今日がどんな一日だったとしても、ひとまず自分に「お疲れ様！」と声をかけてあげましょう。

過酷な一日を、なんとか今日も乗り切った、そのことをほめてあげましょう。

forgiveness

あなたは
ちっとも悪くないよ。

なんでも「私のせいだ」と、いつも自分を責めて苦しんではいませんか。

いいえ、けっしてそうではありません。ふり返って、その出来事をよく考えてみましょう。

たとえばその時、あなたはとても疲れていて、つい うっかり初歩的なミスをしてしまった。言わなくてもいいことをわざわざ言ってしまった、なんてこともあるでしょう。そう、あなたはいつも、疲れ果てしまうほど限界までがんばっているのです。

幼かった頃、自分は何も悪いことをしていないのに怒られた、頭ごなしに否定され続けた、何かにつけ我慢を強いられた、そんな体験をすると、どんなことも自分の責任のように感じてしまうでしょう。

でも、あなたはちっとも悪くない。あなたは、誰よりもがんばっています。それを知っている人が必ずそばにいることを、どうぞ忘れないで。

praise

今日、ふとんに入ったらやること。
眠る前に自分を三つほめること。

ほかの人のいいところを見つけるのはとてもじょうずなあなたでも、自分のこととなると、けっこう厳しい目で見ていませんか。

自分の欠点や至らないところなら、いくらでも挙げることができるのに、誰かにほめられるとつい、「いや、そんなことは……」と否定したり、謙遜してしまったりしているかもしれませんね。

「ほめる」「ほめられる」ことには、リラックス効果があります。リラックスすると脳が活性化して、難しいことにもチャレンジしてみようと思ったり、夢を叶えようとする力がからだの底からみなぎってきたりするのです。

たとえば、オフィスのゴミを拾った、手を洗えた、友人との約束を守ったなど。小さなことでも、まずは自分のことをほめてあげましょう。きっと、なんだってできるパワーが湧いてくるでしょう。

god's whisper

鳥の声が聞こえたら、「心配ないよ！」のサインです。

god's whisper

今日、鳥のさえずりを聞きましたか。

不安な時やモヤモヤしている時に鳥の鳴き声が聞こえてくると、不思議と心が落ち着くものです。

鳥のさえずりには、人間の耳には聞こえない周波数があって、私たちに安心感を与えてくれる高い波動が含まれています。そのため、さっきまで胸のなかにあった不安をふっと消してくれて、心の雨雲を一気に晴らし、一日をうまく運んでくれるのです。

また、鳥の鳴き声はいわば、厄除けや縁起を担ぐ時に使う火打石のようなもの。「だいじょうぶ。あなたのこと、ちゃんと見守ってるよ。そのまま進んでいいんだよ」と、私たちを人生の次なるステージに送り出してくれます。

すずめ、はと、うぐいす、カッコウ……、鳥たちの声が聞こえたなら、あなたはきっとだいじょうぶ。鳥の鳴き声は「ゴーサイン」なのですから。

freely

あなたは本当は、
自由に飛び回ることのできる
美しい〝光〟。

freely

誰に邪魔されることなく、なんの決まりごとも、世間の常識も、自分を束縛する一切のものがなかったとしたら、どんなに生きやすいことでしょう。

唐突かもしれませんが、自分は〝光〟になったのだ、と想像してみてください。

光のように、どんなところへも自由自在に飛んでいける。地球だって一周できる。そう考えたら、なんだかからだが軽くなってくるでしょう。

頭のなかで、自分を規制するものすべてをとっぱらってみましょう。光になったあなたにとって、時間や距離、仕事や生活、お金、すべてが関係なくなります。遠く先まで届く光と同じように、あなたの可能性はどこまでも広がっていくのです。

自分を解放するイメージを持つことで脳がリラックス。あなたの潜在能力もどんどん開き始めます。

colorful

好きな色はなんですか。

colorful

自分が正しいと思っていることを伝えたら、みんなに否定された。自分の夢を話したら、ほかの人に怒られた。

何が正しくて、何がまちがっているのか。自分の価値観がわからなくなって、どことなく人生に行き詰まりを感じることもあるでしょう。

そんな時は、「好きな色」を思い描いてみてください。好きな色というのは、あなたを護るパワーカラー。才能を引き出してくれるものなのです。

人生は真っ白いキャンバス。遠慮はいらない。あなたの大好きな色だけを使って、自由に彩っていいんです。そこに正解もまちがいもありません。好きな色はきっと、あなたに似合う色にちがいないし、あなたの人生を最高に輝かせる色となるでしょう。

自分の「好き」に素直でいられたら、さまざまなことがすべていい形になってついてくるでしょう。

tears of happiness

大切な人にハンカチを贈りましょう。
「これでうれし涙を拭いてね」と。

悲しい時、悔しい時、つらい時に涙があふれてくるのは、からだから不要なものを排出するためです。それは人生が大きくシフトアップする時です。

泣いた後は、不思議と心もからだもスッキリしますよね。その理由は、涙を流すことで〝気〟のつまりが取り除かれるから。涙は心も洗い流してくれます。さらに、人生が大きく変わる時、泣くことですべてのエネルギーを交換できるようになっているのです。

そんな涙をぬぐうハンカチは、人の悲しさ、悔しさ、つらさといった感情をやさしく受け止めてくれる神様のようなもの。大切な人にハンカチを贈ることは、神様を添えて一緒に贈るようなものです。

たくさんの「うれし涙」を流す人生を送れますように……。その人を想ってハンカチを選ぶあなたにも、きっとうれしいキセキが起こりますよ。

thankfulness

本当に、
「ありがとう」という言葉しか
出てこない時があります。

Thank You

つらいことばかりが続くなかでも、ふと、何気ない出来事に感謝したくなる時があります。

そういえば、道に迷って困っていた時、声をかけてくれた人がいたなぁ。ひと仕事終えて息抜きをしていた時、後輩がお菓子を差し入れてくれたなぁ。

また、失くしたと思っていたものが思いもよらぬ形で見つかったり、くたびれ果てて電車のつり革につかまっていた時に、目の前の席が空いて座れたり。

誰かに対してだけでなく、偶然といえる出来事にも感謝の気持ちが湧いてくることがあったでしょう。

そんな時、あなたの心は純粋なやさしさであふれていて、清らかなエネルギーで満たされています。心の奥底の泉からあたたかいものがとめどなくあふれてくるのが、きっと感じられるでしょう。

そんなやさしさに満ちたあなたにこそ、「ありがとう」を伝えたいと、神様は思っているのです。

「大好き」と伝えよう。
今日で最後かもしれないから。

大切な人に「大好き」と伝えましょう。

「一期一会」という言葉には、「今日の出会いを大切に」という意味も込められていて、大好きなあの人に会えるのも今日限りかもしれない、だから後悔することのないように、と教えてくれています。

大好きな人にはつい、わがままや文句を言ってしまうことがあるでしょう。でも、「今日で最後かも」と思えば、すべてが愛おしさに変わります。「大好き」「ありがとう」を普段から伝えていれば、会えなくなるその時がきても後悔は生まれません。

大事な人やペットを失って、もし後悔や自責の念でいっぱいだったとしても、「大好き」は時空を超えて、今すぐ相手に伝わります。

悲しみの代わりに、出会えた感謝でいっぱいになります。

not alone

あなたのがんばりを
見ている人が
必ずいます。

not alone

どんながんばっていても、誰にもわかってもらえない。やることなすこと、すべて自分のせいにされてしまう。そんなふうに、どうしようもなく理不尽なことばかりが起こる時があります。

誰一人味方になってくれる人がいなくて、孤独を感じることもあるでしょう。

もし、あなたが一人で戦わなければならない状況にあるならば、それは、あなたの能力が高いから。

ほかの人に妬まれているからかもしれません。

その場所は、あなたが本来いるべきところではありません。近いうちに、最高の笑顔でその場所を去る日がやってきます。

あなたのがんばりを見てくれている、わかってくれている人が必ず、この世界にいます。そのことを忘れずに、あなたがこれまで続けてきた努力に自信を持ってください。

悔しがる必要はありません。
ここは
あなたのゴールではないのだから。

あの人と比べて、私ってなんて価値がないんだろう……。そう思うと悔しくて胸が苦しくなって、焦りや不安な気持ちでいっぱいになってしまいますよね。それでも、その悔しさを焦りや不安、妬みで終わらせないことが大事です。

「チキショー！」「ふざけるな！」「今に見てろ！」、そういった気持ちは自らを奮い立たせる原動力になります。成功している人や前に突き進んでいる人はみな、悔しい思いを一度はしているもの。悔しい思いをするからこそ、ジャンプアップできるのです。「今」は、あなたのゴール地点ではありません。

今の仕事、住まい、家族、持っているもの、行動や考え方もそう。すべての「今」は、理想の姿、なりたい自分に成長するまでのプロセス、「途中」に過ぎません。さあ、「今」感じている悔しさをバネにして、あなたの理想を目指して先に進みましょう。

〝邪気〟は、
反省や感謝ができる人には
けっして近寄れないのです。

ポジティブ思考がいいとはわかっていても、なかなかそうはなれない。嫌なことがあって我慢しようとしても、どうしても怒りを抑えられない。それはあなたが悪いのではなく、〝邪気〟のせい。〝邪気〟は疲れた人のそばに近寄ってきて、私たちを下へ下へと引き下げようとします。

人を批判する、怒りに駆られる、イライラが止まらない。この三つのネガティブが続いたら、それは

〝邪気〟の仕業。とっとと追い払ってしまいましょう。

〝邪気〟が好むものは、人生をあきらめること、人と比べて落ち込むこと、自分を嫌うこと、仲間外れにすることなど。〝邪気〟の天敵は、反省、感謝、あいさつ、笑顔、楽しい、愛です。

邪気の苦手な行動や感情を日頃から意識するようにして、賢いあなたが〝邪気〟にコントロールされることがないように願っています。

in your hands

あれがいい、
これじゃイヤだと望む前に、
今できていること、
今持っているものに感謝してみる。

in your hands

人生とは、段階を踏んでステップアップしていくもの。その変わり目の時期は、ちょうど線路の切り替えポイント。進路変更のためガタガタ揺れて、さまざまな悩みを抱えるようになります。今苦しいなら、運気が上がる変わり目の時といえます。

そこで、次のステージに進むためのコツ。それは「今」に感謝することです。あれこれと不平不満をもらすのではなく、「今」できること、「今」あるものに価値を見出して感謝しましょう。わらしべ長者だって、取り換えるものに文句をつけていたら、お金持ちにはなれなかったはずです。

成功への第一歩は、わらしべ長者が最初にワラをつかんだ時のようなもの。「あぁ、また貧乏くじを引いちゃった」と思うような出来事から始まります。あなたがつかんだ、その貧乏くじこそが、次なるステージに移るためのプレミアチケットなんですよ。

light

光が入る穴をあけよう。

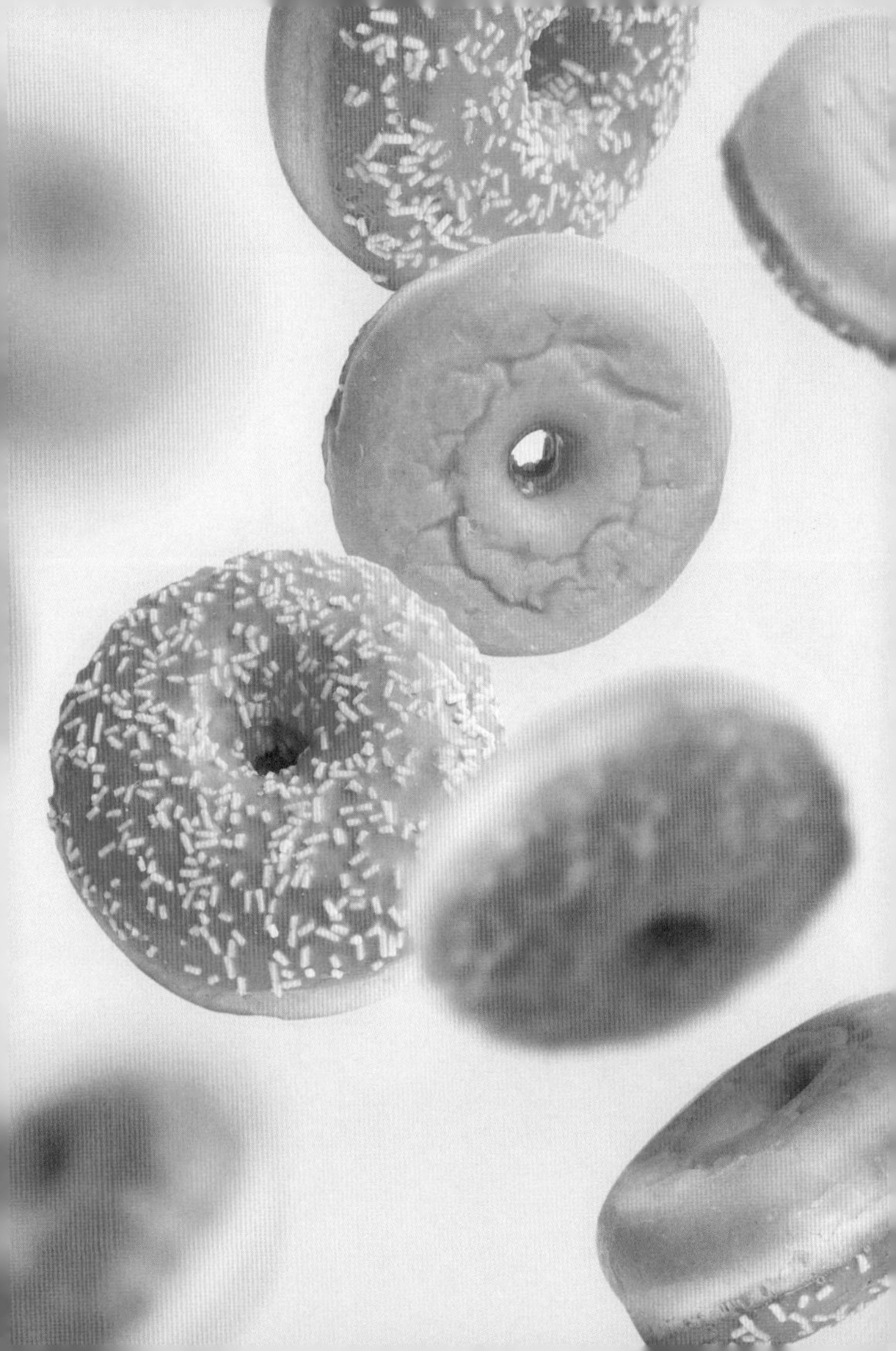

うつうつ、モヤモヤ、気分が重くて、どうにもならない、そんな真っ黒な心の雨雲を吹き飛ばしてくれる、ありがたいおまじないの言葉があります。

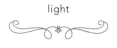

それが「幸《さいわ》いにも」。

自己否定が止まらない。むしょうに不安でたまらなくなる。ほかの人と比べてしまって、どこまでも落ち込んでしまう……そんな時、身近な、あたりまえともいえるような、「幸いにも」と思えることを探してみましょう。

幸いにも、家はある。幸いにも、食べ物がある。幸いにも、今日もなんとか生きのびられた。

この「幸いにも」のワンフレーズが、あなたの心を覆う闇にプツリと穴をあけて、その穴から真の光を取り込んでくれます。二つ、三つと「幸いにも」と思えることを見つけてどんどん穴を広げ、あなたの心を光の世界へ連れ戻しましょう。

daily basis

毎日が、しあわせでなくていい。

どうして私はいつも、しあわせじゃないんだろう？　そんな思いに駆られて、いてもたってもいられなくなる時があると思います。

「しあわせ」な状態というのは、言ってみれば、「晴れの日」のようなもの。ぽかぽかと心地いい時もあるけれど、カンカン照りの時は日差しがきつくて、汗だくになって、からだが疲れてしまいます。一方、「くもりの日」は日差しがやわらかくて、からだも疲れにくいですし、「雨の日」は外出せずに、からだを休める選択もできるでしょう。毎日、天気が変わったほうが、かえって「晴れの日」のよさがわかるのかもしれません。

「くもりの日」を人生のスタンダードにしてみましょう。たまの「晴れの日」が、ありがたく思えてきます。毎日、「晴れの日」でなくていい。毎日、しあわせのカンカン照りでなくたっていいのです。

take off

悩んだら、
それは次のステージへ移る
最終搭乗案内。

take off

人生のステージが変わる時は、さまざまな問題が起こり、その都度、心を整理する必要があります。

私たちは、これまでの「安定」が崩れてしまう時に深く悩むもの。そこからなかなか抜け出せず、すべての動きが止まってしまうこともあります。

ただし、それは「停滞」ではなく、この先に用意されている素晴らしいものを手に入れるため、ステップアップするための準備期間なのです。

イヤだ、つらい、そう思うのは、あなたが成長したから。自ら「変わりたい！」「よくなりたい！」と切望することではじめて、運命は吉方《きっぽう》へと向かうのです。

今、悩んでいるのなら、「アテンションプリーズ」。これは新たなステージへの最終搭乗案内です。これからステップアップするあなたに、「おめでとう」の言葉を贈ります。

memories

自分の悲しみを
閉じ込めてしまったことに、
気づいてあげましょう。

昔のことを思い出すと、悲しくて、悔しくて、つらくて……、思わず涙があふれ出てくることってありますよね。

その涙は、過去のあなたの涙。あの時、泣きたいのを我慢して、これまで封印し続けてきた涙です。あの日、傷ついて心を閉ざしてしまったあなたは、ずっと泣きたかったのでしょう。

今になって涙が流れるのは、あの時、閉じた心の蓋が開いたから。あなたはその悲しみに蓋をしたまま、ずっと気づかないふりをしていただけなのです。

過去を思い出すことは、あの日、あの時の自分と話をするということ。つらい悲しい思いがよみがえってきたら、「つらかったね」「よく我慢したね」と、自分に声をかけてあげてください。

それだけで、つらい思いをした心がずいぶんと癒されるはずです。

decision

迷ったら、どれを選んでも正解。

未来は、何ひとつ決まってなんかいない、まっさらなもの。どこに行きたいか、何を目指したいか、どんな人生にしたいかは、自分で決めていいはずなのに、あなたの心の方位磁針は定まらず、今、ぐるぐる回り続けているのかもしれません。

たとえば、人生を、ひと箱のチョコレートと考えてみませんか。箱の中には、いろんな色や味が詰め合わさっていて、どれにしようかと迷ったら一番、心惹かれるものを選べばいい。スタートが喜びだと、その後も喜びの連鎖ができるから。

人生の行き先も、そんなふうに選んでだいじょうぶ。もしかしたら〝苦い《ビター》〟かもしれないけれど、人生の困難はビターチョコレートと同じ。その苦さを楽しめる大人に進化したということ。

迷いは選択のチャンス！　自分で選び取ったものを「正解」にしていっていいのです。

acceptance

空も地球も、
小言を言わない。
絶対に
まわりを変えようとしない。

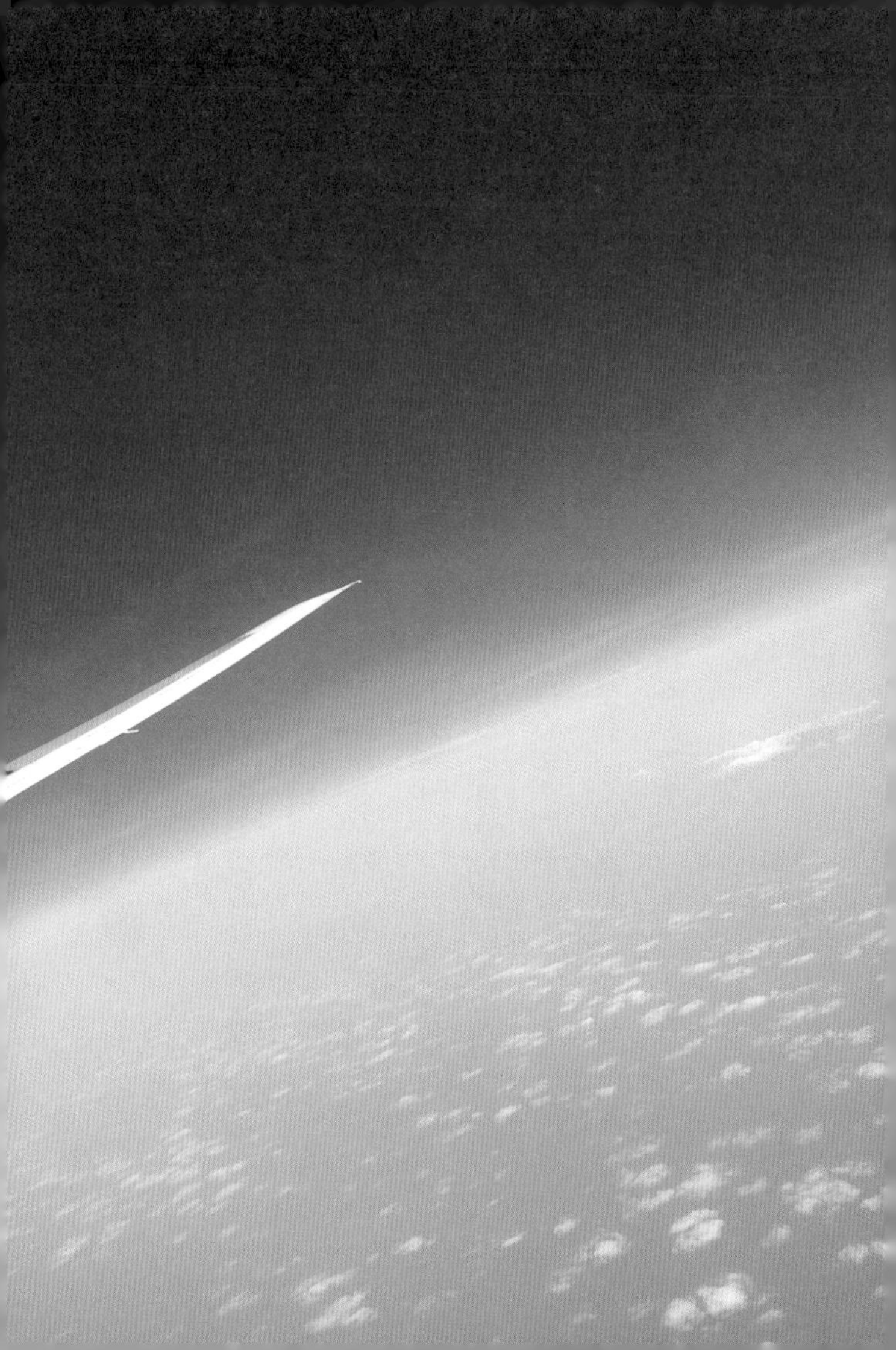

人のことを変えようとして、とてつもない時間とエネルギーを費やしていませんか。

私たちが自分自身で変えられるもの、それは、自分の「思考」と「行動」だけです。

「思考」と「行動」が変わると自分自身が変わり、まわりの人たちも変わり始めます。そして人生までもが、まるでオセロの石をひっくり返したように、黒から白へと劇的に変わるのです。

空や地球が、いつも変わらずそこに存在しているのは、私たちをはるかに超える大きな存在だから。人間を変えようとはせずに、いつだって私たちを受け止めてくれているからです。

お互いに小言を言い合ってエネルギーを消耗するのではなく、空や地球のように大きなものになったイメージで相手を受け止めてみましょう。人間関係が大きく変わります。

release

「まっ、いいか」
と思えた時、
別世界が見えてきます。

release

世間の常識や決まりごと、まわりの評判にがんじがらめになって、「こうでなきゃいけない」に縛られてしまうと、生きづらさを感じることでしょう。

その呪縛から、あなたを解き放つ言葉。

それが「まっ、いいか」です。

このひと言を口にすると、私たちのからだにリラックスが起きて、なんでもできるパワーがわんさか湧いてくるようになっています。

ストレスで心がいっぱいになっている時は、からだも苦しがっている時。そんな時こそ、「まっ、いいか」。このひと言を自分にかけてあげることで、心を縛っているものがほどかれて、からだもラクになるでしょう。

「なんとかなるさ」「よくあることだし」「みんなおんなじだよね」。そんな言葉で、私たちの呪縛はほどけるようになっているのです。

Don't be afraid!

大きな風は、
小さな風の集まりに過ぎない。

不安のあまり、思わず尻込みしてしまう時ってありますよね。そこには三つの理由があります。

一つめは、はじめてのことで不安だから。

二つめは、解決の仕方がわからなくて不安だから。

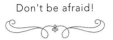

三つめは、一人で向き合わなきゃいけなくて不安だから。

でもね、とても一人では立ち向かえないと思うような大風というのも、元をたどれば、小さな風の集まりに過ぎません。群れなきゃ大きなパワーをつくれない小さな風なら、ちっともこわくない。そんなもの、こっちから吹き飛ばしてやればいい。

小さな風なんてこわくない、小さな風ならなかよくだってなれる。そう思えたなら、風はもうあなたの味方。小さな風はやさしく大きな風となって、あなたの追い風となってくれるでしょう。そう考えたら、不安に思うことなんて何もないのです。

moment

明日の不安をどうするか……。
その前にまず、
目の前のコーヒーを
飲んじゃいましょう。

どうなるともわからない明日のことを心配して、不安な気持ちになってしまう。明日のことを考えただけで、いっぱいいっぱいになってしまう。

そんなふうに、人間だけが「明日」にとらわれています。

そんな時は、目の前のやるべきことに集中しましょう。今、取りかかっていることを楽しみましょう。

明日のことなんて、今考えなくたっていいんです。

それでも、どうしようもなく不安になってしまうのならば、お気に入りのコーヒーでも淹れてひと休みしてみましょう。

「明日」がやってくるたびに、私たちの経験値は上がり、日に日に進化していきます。だから、何も心配することなんてありません。

あなたが思うよりも「明日」って意外と、なんてことのないものなんですよ。

cloud & wind

たまには、
雲のように流される時も必要です。

吹く風は〝福風〟。人生におけるどんな向かい風も、実は、あなたをしあわせな場所へと運んでくれる追い風だったりするもので、しあわせになるためには、風に吹かれるだけの〝軽さ〟が必要です。

そんな〝福風〟を吹かせてくれる神様のおかげで、私たちは人生の〝流れ〟にうまくのることができて、いい人に出会えたり、ものごとを成し遂げたりすることができます。

もし自然な流れを止めようとしたり、流れそのものを変えようとしたりすると、無理や軋《きし》みが起こります。遠回りになったり、攻撃を受けたりすることもあるかもしれません。

停滞している……、うまくいかない……、そんな時は思いきって流されてしまいましょう。吹く風は〝福風〟なのだから、「流される」ことを自分に許してあげていいんです。

look up

前にも横にも後ろにも進めない……。
だいじょうぶ！
上にちゃんと答えがあるから。

毎日のようにうつうつとしていて、ネガティブなことばかり考えてしまう。迷路にずっぽりとはまり込んでしまって、前にも後ろにも進めずにいる。

そんな時は〝上〟に進むチャンス！　あなたの運気が垂直上昇する時なので、安心してください。

この垂直上昇は、誰にでもやってくるわけではありません。〝がんばったポイント〟が貯まった人だけにやってくるものです。

さあ、どんなことをがんばったか、思い返してみましょう。苦手な人にも笑顔で接した。あの人に言い返したかったけれど飲み込んだ。朝、つらかったけれどなんとか起きた。いろいろと本当によく、がんばっていますね。

あなたの頭上には、上へと進む道があります。そのうちスイッと上がっていきますから。だいじょうぶですよ。

no big deal

笑い飛ばしたっていいんじゃない？

思いもよらないことが生じると、時に運命を憎んだり、自分を責めたり、誰かのせいにしたり。何もする気が起きず、この先どうしたらいいか、わからなくなってしまう。

そんな時こそ、肩の力を抜きましょう。あなたの身に降りかかった出来事を、あえて笑い飛ばしてしまいましょう。難しいと思っているかもしれないけれど、本当は、人生のほとんどのことは笑い飛ばしてだいじょうぶなんです。

立ち止まって、耳を澄まして、自分の胸のうちで聴き取るべき大切なものというのは、「本当に自分が望んでいることはなんなのか」、ただそれだけです。

それ以外のことは、風まかせでいい。そうじゃないと生きてなんかいけないの、人生って。だから、あまり深刻に考えすぎずに、大事なこと以外はすべて笑い飛ばしちゃいましょう。

calmness

どんな嵐の海でも、
必ずあなたに味方する凪《なぎ》はきます。

人生に嵐が起こると、それが一生続くもののようにその時は思えてきます。

嵐が起こった時に、あなたがすべきことはただひとつ。自分を冷静に戻すことです。冷静になると、今一番にすべきことや、この嵐が間もなくやむこと、船が転覆することはないとわかってきます。けれど、嵐は次々と試練を与えてくるので、疲れ果ててしまい、なかなか冷静にはなれないものです。

「一体いつまで踏んばればいいんだ！」、心がそう叫んだ時、頭のなかに〝凪《なぎ》〟をつくってみましょう。

さあ、イメージしてみてください。

あたたかな日差し、穏やかなさざ波、群れる海鳥の声、美しい夕日。海辺のデッキチェアに寝そべって至福に浸る自分の姿……。

こうした〝凪〟をイメージすることで、人生にも穏やかな〝凪〟の時間が生まれるでしょう。

take a break

たまには放り投げて！
あとで回収すればいいだけ。

take a break

次から次へと押し寄せてくる仕事、いつ終わるとも知れないご近所トラブル、面倒な家族関係。出口が見えないと思ったら、すべてを放り投げていっそのこと開き直ってしまいましょう。

問題を抱え込んで行き詰まってしまった時だって、「もうどうにでもなれ〜！」と、たまには投げ出したっていいんです。すると、あなたと問題の間に〝隙間〟ができて、気がめぐり出します。

その隙間にエネルギーが満ちてくるので、これまで苦しめられた問題であっても、ちょっと難しいクイズにチャレンジするくらいに思えてきます。「こんな人生を送りたかったわけじゃな〜い！」と、思わず叫んで投げ散らかした問題だって、きっと楽しみながら取り組めるようになるでしょう。

難問というのは、ちょっと距離をとってみると、おのずと解決に向かっていくものなのです。

floating

人生は、川面を流れる木の葉。
行けるところに
行けるようになっている。

floating

川面に浮かぶ木の葉は、オールも持たず舵を取ることもないまま、川を下っていきます。自分がどこへ流されるのかを、楽しんでいるようにも見えます。

自分が木の葉になったとイメージしてみましょう。

あなたという木の葉は、川の流れにのって、見知らぬ場所へと流れ着きます。そこは、いつだって初めての場所、新しい世界です。

その場所に、手すりも足場も見当たらないことに、あなたは不安を覚えるかもしれません。でも、川が運んでくれる先に、こわい場所なんてありません。たとえつかまるものがなくたって、けっこうだいじょうぶだということに気がつくはず。むしろ、つかまるものがないほうが、何かとスムーズにいくこともわかってきます。新しい環境は、天から与えられたもの。木の葉のように流れに身をまかせるイメージでいくと、必ずうまくいきます。

listen to

あなたの心の「SOS」に
気づいてあげられるのは、
あなただけ。

listen to

あなたの心は今、「SOS」を叫んでいませんか？

あなたがどれほど傷ついたか、どれほどつらい体験をしたか。その時に味わった苦労や、悲しかったり悔しかったりした思いは、自分自身にしかわからないものです。

あなたの真の理解者は、唯一、あなたのほかには誰もいません。

そのあなたが、自分の気持ちに知らんぷりして、まるで他人のふりをして見過ごしてしまったら、あなたの感じた悲しみや悔しさは、この世界にポツンと置き去りにされてしまいます。

たとえ世界中の人が、その思いに気づかずにいたとしても、「今もつらいんだね、だいじょうぶ？」「私だけはずっと味方だよ」と、あなたが自分の心に声をかけてあげてください。そうしたら、その悲しみはとても安心して、勇気へと変わることでしょう。

slowly

まちがって、失敗して、
そこでようやく
なんかちがうなと気づく。
人生とは、そんなペースでいいのです。

私たちが今いるところはすべて、はじめての場所。

私たちが行うことはすべて、はじめての経験。

誰もが〝新人さん〟なのだから、いっぱい転んだっていいのです。

人生においては、転んだ時にしか手に入らない大事なものがあって、たくさん転んだ経験がある人ほど、その大事な何かをたくさんつかみ取っています。

そうであるならば、「転んだって、ただでは起きない。必ず何かをつかんで起き上がるぞ!」と、心に決めましょう。そして、二つも三つもつかんで立ち上がりましょう。

転んだ時は痛い思いをしたけれど、あとで笑えるエピソードにしちゃう。起き上がるたびに新しいことに気づいて、転んだことに感謝できちゃう。そんな前向きな気持ちになることができたなら、いい仕事やいい人との出会いに必ずつながるでしょう。

self-affirmation

自分がしていることを否定しない。
それだけで、
すべてがどんどん
うまく回り出します。

自分を疑って否定してしまう時は、自信＝〝自分自身〟をなくしてしまっている時。

〝自分自身〟がいなくなってしまった状態というのは、運転手が乗っていない車のようなもので、私たちはたちまち軸を失い、大きくぶれ始めます。

こういう時、不安は大きくなり、ネガティブのスパイラルに落ちてしまう。自信を失った時は、まず自分という運転手を取り戻していきましょう。

自分を取り戻すには、何より「安心」を感じること。「雨風をしのげる家があってよかった」「あたたかいふとんで眠れるなんてうれしい」、どんなささいなことだっていいのです。人は安心することで自然と自分自身を肯定できるようになっていて、自信も取り戻すことができます。

自信を失ってしまった時は、人に親切にしてあげたことを思い出してみると心をリセットできます。

right now

過去にも未来にも
ふれられない。
ふれられるのは、
今の時間だけ。

「今」と「過去」と「未来」は連動しています。

未来に対する不安は、過去の未熟さを掘り起こし、今のあなたを恐怖のどん底へと突き落とす負の連鎖を生み出します。ですが、私たちは「過去」にも「未来」にも力を注ぐことはできません。

苦い経験を明日に向かう力に変え、行く先々の不安の霧を晴らすことができるコントローラーは、「今」ここにあります。となると、私たちは今していることにエネルギーを注ぐことで、すべてをよいものに変えていけるようになっているのです。

「〝過去〟や〝未来〟のことを考えたって何も変わらないなら、目の前のことに集中しよう」

それさえわかったら、もうだいじょうぶ！

「今」をよいものに変えることができたなら、それだけで「過去」や「未来」を素晴らしいものに変えられるのです。

your doctor

からだは優秀なドクター。
必ずよくなると
あなたが信じることで、
最高の力で治ろうとするのです。

からだが不調になるのは、心がいっぱいいっぱいになっていることを教えるサイン。心の「SOS」を無視して突っ走っていると、強制的に休ませられます。私たちのからだは、誰より自分のことをわかっている〝優秀なドクター〟なのです。

「なんだか、からだがおかしいな？　ちょっとがんばりすぎたかな」と気づいたなら、まずはとにかく眠りましょう。睡眠をとることで、自分のなかにあるまだ使われていない力が引き出され、ちゃんとよくなるようになっています。

心もからだも回復させるキーワードは「安心」です。安心することでよい睡眠がつくられ、不調は消え去るようになっています。

「お疲れ様」と自分に声をかけて、リラックスさせてあげましょう。ダジャレを考えて笑ったりすることも、回復を早める効果的な方法です。

Don't worry!

心配しないで！
無事に済んだ今日の日を
喜んであげられたなら、
「すべてよし」になるのです。

一日の終わりに、また「明日」がくることへの心配や不安を抱いていませんか。

明日をいい一日にするために、今夜は思いきって不安を捨てて眠りにつきましょう。眠りにつく前にどんなことを考え、どんな思いで過ごすかによって、明日のために必要なエネルギーの溜まり方が決まるのです。

それでも、眠る前に不安におそわれてしまったら、

「ありがとう」とつぶやいてみましょう。今日、無事に済んだ一日を喜んであげられたなら、明日は必ずいい一日になるでしょう。

今日が最悪な一日であっても、明日はまったくちがうエネルギーを持ってやってきます。だから、心配しなくてだいじょうぶ。何よりも今日一日を無事に過ごすことが第一なのだから、今日、それができたなら一〇〇点満点、「すべてよし」なのです!

small changes

ピンチの時に必要なのは、小さな変化に気づく力。

このままでいいのだろうか……、私たちは時折、不安になることがあります。

日々努力を重ねて少しずつ成長しているあなたの人生が上昇していることはまちがいないのですが、そのことをなかなか実感できずにいるのなら、これまでの進捗をチェックしてみましょう。

できるようになったことは？

以前と比べてよくなったことは？

昔はカッとなってすぐに言い返していたのが、今はぐっと堪えられるようになったとか、気の進まない誘いを断れるようになったとか。ちょっとしたことでいいんです。以前は難しかったことが今はできるようになっていることに気づくはずです。

それは、あなたの努力にほかなりません。だいじょうぶ！　あなたは着々と前進・上昇しています。

winner's method

やるべきことをやったら、
あとは天におまかせ！
ベストタイミングで
天使が降りてくるのを
待ちましょう！

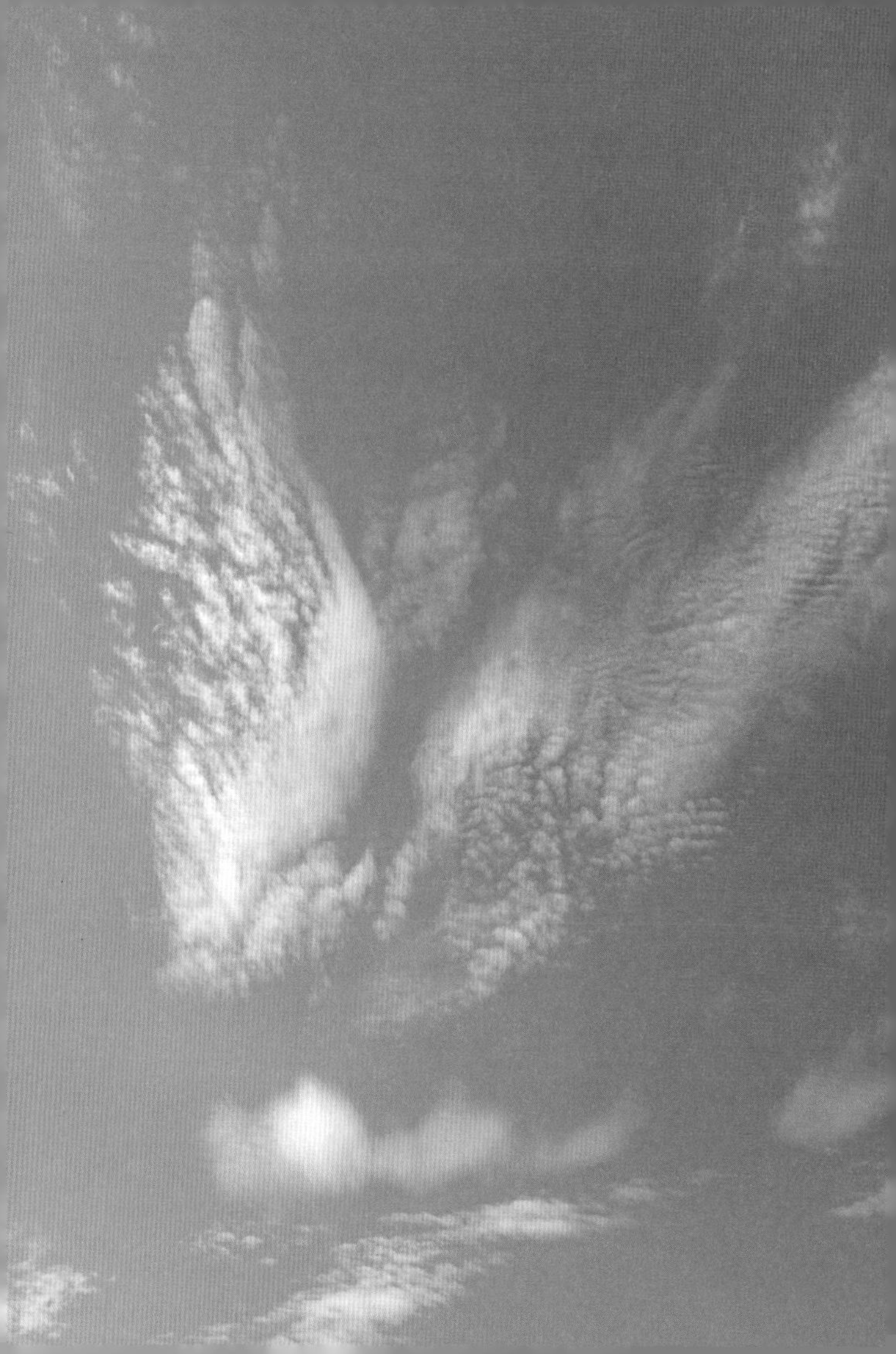

winner's method

人生には、〝しあわせの成功線《ライン》〟というものがあります。それは一定期間、ただひたすら真っすぐ、地面と平行に進んでいきますが、ある時、突然、右斜め上四十五度の角度で上昇を始めます。

どれだけ努力をしても結果に表れない、誰にも評価されない……と、落ち込んでいるかもしれません。けれど、あなたの努力が報われていないわけではなく、水面下では着々と上昇する準備が進められているのです。この沈黙の期間を乗り越えた人から、右斜め上四十五度の上昇気流が始まるのです。

だから、その気流が現れる前に「夢なんて叶うわけがない」「私には才能なんてないから」とあきらめて、前に進むことをやめないで。自分にできることをすべてやり終えたなら、あとは神様が整えてくれた万全のタイミングを待てばいいだけ。待っている間に〝質〟が上がり、〝完成度〟も高まるのです。

imagination

会いたくても
会えない人がいるのなら、
頭のなかでそばに寄り添って
抱きしめましょう。

遠くにいてなかなか会えない人、しばらく会っていない人、天国に行ってしまった人……。たとえ今、会えなくても気持ちを伝えることができます。

「あぁ、あの人に会いたいな」「今頃、どうしているかなぁ」と、大切な誰かの顔を思い浮かべた時、あなたの思いは〝波動〟となって相手とつながるようになっています。それは亡くなった方ともです。

頭のなかで、その人を抱きしめてみましょう。その人の体温のあたたかさをイメージしてみましょう。言葉にならない安堵を感じることでしょう。それは同時に、あなたが相手をやさしく包み込んでいることでもあります。

大切な人とのきずなは、けっして切れることはありません。いつか最高の笑顔で会えるようになっています。あなたの大切な人も、その時を心待ちにしています。

a person

魂は、
この世でおひとり様を
とても楽しんでいるのです。

私たちは、からだがなくなると〝光〟に戻ります。光の状態になると、誰もが人の感情がすべてわかるようになります。

どんな感情も感じ取ってしまうので、人の喜びも悲しみも、怒りさえもしょっちゅう感じられ、そうなると片時も、一人でいられる時間がなくなります。

だから、〝人間〟という型にまた入っていくのです。

すると、自分の感情しかわからなくなるので、「やっと一人になれた！」という喜びが生まれます。

つまり、人生の醍醐味は、「一人でいる時を楽しめること」「一人でいる時を喜べること」とも言えるでしょう。

恋人がほしい、友達がほしい、誰か頼れる人がほしい……。そんな人恋しさを、ひとり身の気楽さや自由の喜びに置き換えることができるようになった時、あなたは大きな成長を遂げるのです。

「亡くなると星になる」は本当です。
空を見上げてみると、
亡くなった愛する人たちを
すぐそばに感じられるはずです。

私たちは〝光〟の集まりです。からだがなくなると〝光〟に戻るので、地上よりも宇宙のほうが、心地よく感じられる場所になっています。

とてもつらい思いをすると、「もう死んでしまったっていい」と思ってしまうことがあるかもしれません。そんな時の気持ちを〝光〟の世界の言葉に置き換えると、「宇宙に帰りたいな」となります。

宇宙に帰ることは、いわば〝故郷〟に帰ること。

亡くなった人たちはみな、懐しい安心できる場所に戻ったといえるのです。

孤独や悲しみを抱えて寂しくなったら、夜空を見上げてみましょう。

先に星となった愛するあの人が、「私はここにいるよ。いつもあなたを見守っているよ」と、こちらに笑顔を向けてくれていることを、きっと感じられるはずです。

せっかく生まれてきたんだから、好きなこと、やろうよ！

my life

好きなことをして楽しみたい。その上で、経済的にも精神的にも安定していて、豊かな生活を送りたい。誰もがそう願っていることでしょう。

でも現実は、好きなことはおろか、リスクを取らないようにすることばかり考えて、何もできなくなっていませんか。

安定がおびやかされるくらいなら、リスクを冒さずに生きていこうと考えていませんか？

そんな心配はいりません。だって、あなたの「大好き！」の気持ちがあれば、どんなリスクだって打ちのめすことができるから。

せっかく生まれてきたのだから、思いきって好きなことをしてみませんか。

あなたが好きなことをしている時の笑顔が、あなたの人生を明るく照らすのです。

だから、好きなこと、やろうよ！

stability

あらゆる数字は
株価のようなもの。
上がれば下がるし、
下がれば上がる。

13

預金通帳の残高、服のサイズ、血圧の数値、お子さんのテストの点数などなど。あらゆる数字に翻弄されていませんか？

でも、ちょっと待って。数字ってただの記号であって、上がれば下がるし、もし下がりっぱなしだったとしても、そのうち上がるもの。一喜一憂するものではありません。そんなジェットコースターのような数字から解放されましょう。

数字が気になる時は、自分にとって本当に大事なことを問われている時です。

あなたが本当にやりたいことは？　こうなったらうれしいなと思える未来は？　自分の心に問いかけてみてください。

自分の喜ぶ姿をイメージできると、その気持ちにつられて、あなたが望む数字は必ずついてきます。

数字に惑わされることなかれ！　です。

dawn

夜明け前ほど
冷え込みが厳しいように、
苦しい時ほど
夜明けは近いのです。

難問が次から次へと押し寄せてきて、「もう限界だー！」とすべてを放り出してしまいたくなる時。嫌なことばかりが続いてMAXつらい時。

そういう時は大きなステージに移る、まさにその直前。限りなくあなたの理想に近いステージへと移っていくタイミングなのです。

特に、お金のトラブルに巻き込まれてにっちもさっちもいかなくなっている時は、厳しい冷え込みの後に夜明けがやってくるのと同じで、目指した理想の世界が目前の時かもしれません。

お金の問題というのは、人生に不安を引き起こすもの。その問題を乗り越えられたら、お金とあなたの関係性は大きく進化して、その後はお金の心配をすることのない人生を送ることができるでしょう。

安心してください。トンネルには必ず出口があります。笑って話せる時が必ずきます。

view of heaven

どんな絶景もかなわない、
苦しみを乗り越えた人にしか
見ることのできない、
最高の景色というものがあります。

人生の難問を目の前にすると、一見、とても乗り越えられそうにない壁が現れたように思えるでしょう。そんな高すぎる壁を前にして、人生そのものが嫌になってしまった時は、その場に立ち止まって後ろをふり返ってみましょう。

すると、努力が形にならずにどん底でもがいているように思えたけれど、意外と高いところまで上ってきていることに気がつくでしょう。これまでの努力は自分が思うよりずっと、あなたを高いところに押し上げてくれています。その位置からであれば、なんとか壁を乗り越えることができそうに思えてくるはずです。

壁のむこう側を想像してみてください。そこには大変な時期を乗り越えたからこそ見える景色が広がっていて、その景色は「よくここまできたね」と、あなたを抱きしめる準備をしてくれています。

happy circulation

出ていったお金は、
天に貯金しているようなもの。

あなたが使ったお金は、必ずあなたのところに返ってきます。しかもそのお金はより輝くエネルギーとなって舞い戻ってきます。なぜなら、出ていったお金は、天に貯金しているようなものだから。

買い物をした時に支払ったお金だけでなく、落としたり、なくしたりしたお金、誰かに貸したままになっているお金も同様。手元を離れていったあとはめぐりめぐって、あなたのところに返ってきます。

天に貯金したお金というのは、よいエネルギーをふりまいて移動するものなので、もしかしたら、あなたが使ったお金がどこかで誰かの役に立っているかもしれません。

もしあなたがお金のことで悩んでいたとしても、だいじょうぶ。そのお金は倍以上のエネルギーとなって、いずれ戻ってくるのですから。

waiting time

立ち止まって力を溜める。
そういう時期が、
どうしても必要なのです。

私たち一人ひとりに備わっているエネルギーの貯蔵庫というのは、意外なことに誰もが同じサイズ。出入りする量も同じです。

まったくやる気が起きない、ちっとも活動的になれない。そんなふうに、心もからだも言うことをきかず、動けない時間が長くなってきたなら、ありったけのエネルギーを使い果たしてしまった時。あなたの貯蔵庫のエンプティランプはただ今、点滅中！

今すぐチャージが必要な時。

エネルギーは、気を遣ったり、緊張したり、不安になったりすることで、どんどん消費されていきます。繊細なあなたは、人よりもたくさんエネルギーを使ってしまうのかもしれません。

でも、だいじょうぶ。お休みすれば、ちゃんとチャージできるようになっています。心もからだもちゃんと回復するようになっています。

key for fortune

「よくなっていいんだ」

と自分に許す。

それが扉を開くカギ。

key for fortune

がんばっているのに夢がなかなか叶わない……と感じている人は、こんな思いを抱えています。

ひとつは、「自分には夢を叶えるだけの力がない」という自己否定感。

もうひとつは、「夢を叶える途中で、挫折したらどうしよう」という不安感。

そして、「夢が叶って自分だけがしあわせになってはいけない」という罪悪感があることも。

自己否定感だけ持っている人もいれば、三つとも持っている人もいるでしょう。ただ、いずれの人にも共通しているのは、みな、とても「謙虚」なのです。いつも他人を思いやるその謙虚さややさしさに、あなたが夢を叶えるだけのエネルギーがすでに集まっています。今日から誰に遠慮することなく、「よくなっていいんだ」「私は夢を叶えていいんだ」と、自分に許してあげましょう。

go up

今が苦しいなら、
あなたが人生の坂道を
懸命にのぼっているということ。

どうしようもなく苦しくなって、もし頭に「リタイア」の文字がよぎったら、その時は、あなたの人生が上り坂に突入した証拠。選ばれた人しか挑むことのできない最高峰を、あなたは今、一人でのぼっているのです。

山頂までの道のりは当然、サンダルでペタペタと難なく歩けるような易しい坂道ではありません。急斜面もあれば、崖っぷちもあるでしょう。のぼるのが困難な道のりを進んでいくには、気力と体力は元より、経験と知恵、忍耐も必要となります。

生きることそのものへの疑念、己の無力さ、老化や病気、別離など、抗うことのできないものに立ち向かうようになった時こそ、深い叡智を手に入れた時といえます。険しい上り坂を一歩ずつ懸命にのぼって、やがて〝てっぺん〟にたどり着いた時、あなたは天に実力を認められた勇者といえるのです。

action

嫌なものから自分を離す。
それは、
あなたという一人の大切な人を救う
大事なアクション。

action

私が我慢さえすれば丸く収まる……。そう思っているあなたは、いつも笑顔を絶やさず、まわりに気を配ることができる素敵な人にちがいありません。

ただ、もしあなたの大切な人が同じように我慢ばかりしていたら、どうでしょう。きっとあなたも苦しく思うでしょう。

人生をつらく感じる時は一歩離れて、自分を客観的に見てみましょう。

どうしてもやりたくないことをやる必要なんてありません。自分を大切にしてくれない人のところにいる必要もありません。あなたが「イヤだ」と思うのであれば、その場から離れたっていいのです。いえ、離れなければいけない時というのがあるのです。

勇気を出して、嫌なものから自分を離す。

そのアクションが、自分の好きなものだけに囲まれる理想の世界へと、あなたを導いてくれるのです。

draw

今日のなかのほっとする一秒。

いつまでたっても理想のゴールに近づくことができなくて、やきもきしていませんか。

仮に今、一億円を必要としているとしましょう。一億円がすぐには手に入らないように、理想のゴールにだって、すぐにはたどり着くことができません。一億円がほしいなら、まずは手元にある一円に気持ちを向けてみましょう。それと同じような感覚で、理想のゴールを目指すなら、何気ない日々のなかに小さな喜びを見つけていきましょう。その喜びを毎日コツコツとたどっていくと、自然に自分の望んだ世界に近づいていくことができます。

小さな喜びが見つからない時は、今日一日のうちの、ほっとできる瞬間を思い出してみましょう。あなたがほっとした、その一瞬に、喜びやしあわせが集まっています。そのしあわせは、理想のゴールへとつながっています。

limit

この世には、
限界というものが
あっていいのです。

limit

自分が元気でない時も、まわりの人たちを笑顔にしなくちゃいけない、と思っていませんか？たった一人で何もかも背負って、とうに限界に達していませんか。

人間のエネルギーの最大値は決まっています。使い果たせば「限界」を感じるようになっています。どんなにがんばろうとしても、気力や体力が最大値に達すれば、誰にでも限界がやってきます。

一人でできることなんてたかが知れているのです。

自分に限界があっていいと認めてみましょう。

「これはできない」「これ以上は無理」、そう思ってあたりまえ。「今やらなくたっていい」「これは自分がやらなくてもいい」、そうやって線引きをしていいんです。

「今日はここまで」にして、明日のために余力を残す。それこそあなたが毎日、やるべきことなのです。

positioning

見る位置を変えると、
それが宝物だと
気づくことができる。
宝物に見えなかったら、
見えるところまで動いてみる。

positioning

私たちが「良し悪し」の判断基準にするのは、たいてい自分の過去の経験や世間の常識だったりします。自分の真の気持ちがおざなりにされていることが多いのです。時に大事なものを見誤ってしまいます。

つらいことや我慢ならないことが起こって、自分一人ではどうにも変えることができない時は、見る位置を変えて、全方位からぐるっと眺めてみましょう。

すると、つらいと思っていたことがありがたく思えてきたり、今までこだわっていたことが気にならなくなって怒りや憎しみが消え、まるで菩薩のような心持ちになったり。はたまた謎解きのように意外な答えにたどり着いたりと、不思議なことが次々と起こり始めます。「良し悪し」の価値観がまるっきり逆転することだってあるかもしれません。

モヤモヤした気持ちがスーッと晴れて、人生が贈り物で満たされていることにも気づくでしょう。

true message

うまくいかない時は
「そこには行かないほうがいいよ！」
というメッセージ。

たとえば仕事が見つからないのは、あなたが笑顔で働ける職場に空席ができるのを待っている時だから。今はエネルギーを蓄える大事な時間であって、間もなくふさわしい居場所が見つかるはずです。

うまくいかない時というのは、「自分の本当の気持ちを考えてみて」というメッセージ。「どうせ自分なんか」と、自ら可能性に蓋をしてしまったり、まわりの目を気にして焦って動いたりしてはなりません。世間の常識や周囲の評価は脇に置いておいて、興味があるか、やってみたいと思うかどうかで動くようにしましょう。

努力したのに採用試験や昇級試験に合格しなかったからって落ち込まないで！　笑顔を絶やさず前向きな気持ちでいる限り、必ず道は開けます。面接官には、「お目にかかれてうれしいです！」という気持ちで臨んだら、きっとよい結果につながるでしょう。

Don't panic

問題が起こったら、
〝まず落ち着け〟。
これでちゃんと解決します。

Don't panic

大問題が起こった時こそ、いったん立ち止まって考えるのをやめてみましょう。そして、焦りや不安でいっぱいになっている心をしずめるのです。

心を落ち着けるためのイメージング法をやってみましょう。

目を閉じて、竹林をイメージしてみてください。その林の中に入って行って、大きなピンク色の布を敷いてみましょう。風が時折、笹を揺らす静かな空間があなたのなかに生まれました。

心のなかに空間をイメージすることで余裕が生まれ、そのうち、ピンク色の布の上に大事な〝気づき〟が降りてきます。竹や笹には私たちの〝邪念〟を払い、気を落ち着かせる力があります。心のなかに静けさをつくり出すことを意識していきましょう。問題はおのずと解決に向かっていきます。

家が散らかっているからって、
運は下がったりしません。
運を下げるのは、
〝できない自分を責めること〟です。

あなたを護ってくれる最強のパワースポット、それは実は、あなたのお家なんです。そのパワースポットが散らかっていたり汚れていたりしたら、運が下がってしまいそうですよね。

ところが家は、あなたを護るために天から降りてきた忠実な〝使者〟のようなもの。あなたが片づけや掃除をせずにいても、まったく気にしていません。むしろ、あなたが疲れている時は、片づけも掃除もさせずにからだを休ませるなど、徹底的にあなたのことを守ってくれています。

運を下げているのは、「片づけも掃除もできないようではダメだ！」と自らを責める気持ちです。

掃除の神様が降りてくるまで待ってほしいとお願いすれば、「いいよ、その時まで待つよ！」と、家は微笑んでくれるでしょう。だから、散らかっているからといって自分を責めなくていいんです。

human-beings

〝人間〟を生きる。ただそれだけでいい！

〝人間〟に「間」の字が使われている理由は、神様や天使のような聖なるものと野生の動植物の間に存在するもので、その間を考えながら行ったり来たりして、常に悩める生き物だから。そして、できないことにも常にチャレンジしている。それが〝人間〟なのです。

できなくたっていい、みっともなくたっていい。

それでもし誰かに笑われたなら、笑いを取ってやったんだと、ほくそ笑んでいればいい。「あの人みたいにはなりたくないね」と言われたら、誰かの指標になってやったと思えばいいんです。

たくさん恥をかいたって、だいじょうぶ。十年前と比べて何も変わってなくたって、だいじょうぶ。どんなにできなくたって、がむしゃらに「好き」にくらいついて、もどかしいくらい、ちょっとずつしか進めない。それが〝人間〟なのです。

warm words

その言葉は、
相手をあたためるか、
冷やし固めるか、
考えてみる。

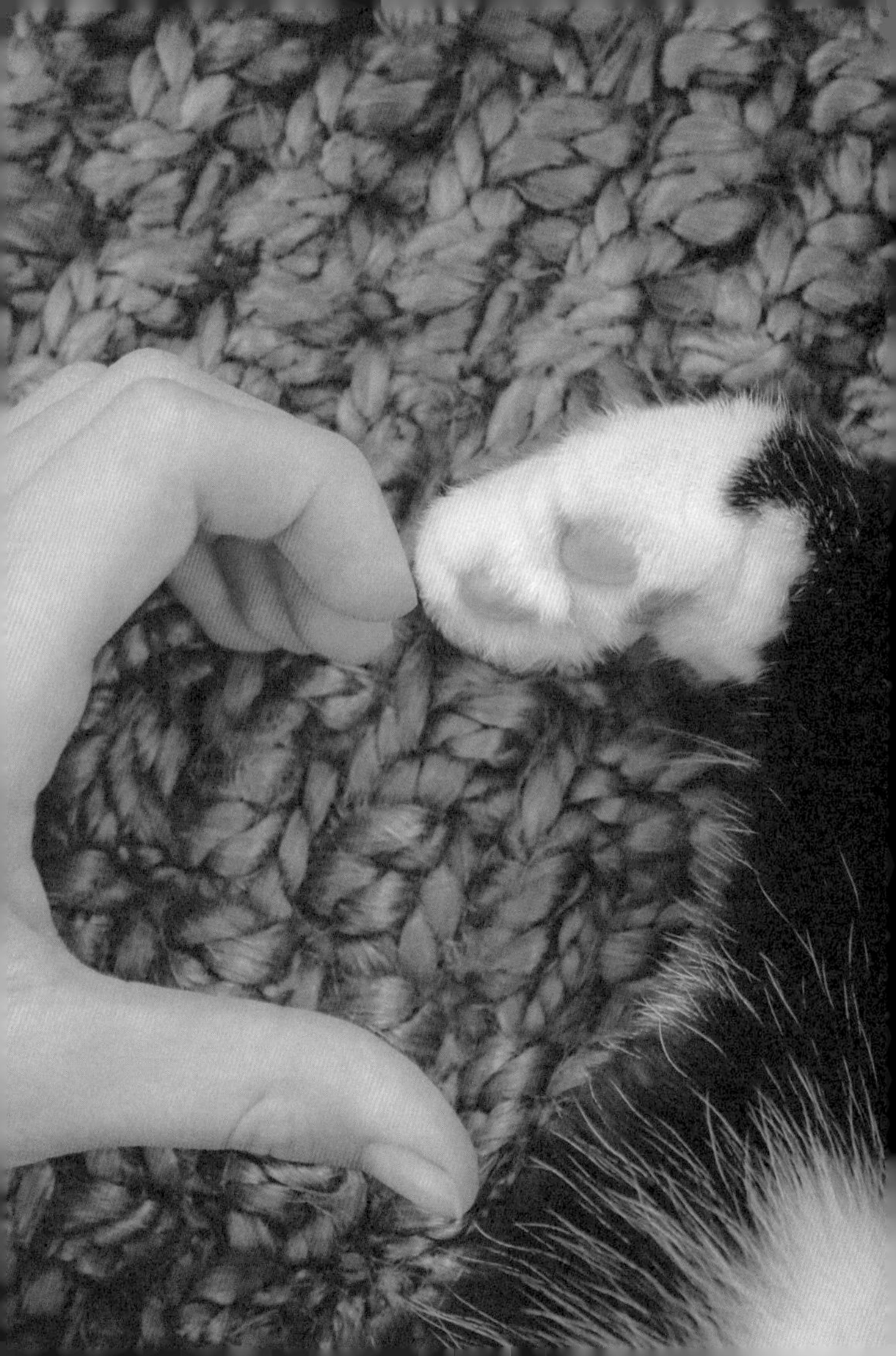

一つひとつの言葉はエネルギーを持っています。

「気をつけてね」「お大事に」「いってらっしゃい」。

すべての言葉は投げかけた相手の心を整える力も持ち合わせていて、「だいじょうぶだよ」と言われて安心したことがあるでしょう。人を思いやる言葉は相手の心とからだをあたためてくれて、実際にその人の血流がよくなりもします。

当然、ネガティブな言葉は重苦しいエネルギーを持っています。否定、文句、愚痴、嫌味、恫喝……。これらの言葉は相手に強い緊張感を与えるだけでなく、血のめぐりを弱くさせ、言葉を発した本人にもその影響が強く表れます。「言の葉」は循環して、いいものもそうでないものも、自分のところに戻ってくるのです。

発する言葉は、あなた自身でもあります。使う言葉を変えると、人生がまるごと変わっていきます。

resting time

眠いのは、疲れているから。
動けないのは、がんばりすぎたから。

人生は「体力」と「気力」の両輪で回るもの。体力はじっとしていればいずれ回復しますが、気力はそうはいきません。

「気力」というのは、気を遣う、気を配る、気を回す、気を読む……、そんな緊張する場面が続くことで、どんどん消耗していきます。気力を使い切ってしまった時は、神経がくたくたになっている状態。パンクしたタイヤで走っているようなもので、そのまま走り続けていると、延々お疲れモードのスパイラルに巻き込まれてしまいます。

そうなる前に今の生活のなかで、気持ちよくできているものと、無理してやっているものをリストアップしてみましょう。その二つを線引きすると、もつれていた心の糸がほどけて気持ちがラクになってきます。ちょっとの無理をやめてみると、がんばっている日々に風が舞い込んでくるはずです。

heaven

見えないかもしれないけれど、
いつもそばにいるんだよ。
たくさん話しかけてね、
必ず答えるから。

heaven

大好きな人に先立たれる悲しみや寂しさは、どれだけ涙を流しても癒えることはなく、果てしない深い谷底に落ちていくようなもの。

一方で亡くなった方は、からだがなくなって、これまでつらい思いをしたことや、大変だった出来事の記憶がすべて癒され、うれしさや喜びだけを感じて過ごすことができるようになります。そう考えると、祝福すべきことですよね。

人は亡くなってはじめて、人とのきずなが終わることのないものであることを知ります。亡くなった人は待っています。いつの日か人生をまっとうしたあなたと笑顔で会える日を、あなたのことを日々守り導きながら待っているのです。

亡くなった人に思いを馳せる時、私たちが心で感じた思い、浮かんできた言葉というのは、大切なあの人からのメッセージにほかなりません。

happiness

しあわせは〝なるもの〟ではなく、
〝見つけるもの〟。

「しあわせになるためにあなたには今、何が必要ですか」「しあわせそうな人ってどんな人？」と聞かれたら、あなたはなんと答えますか。

もし今、しあわせを感じられていないなら、しあわせを測るメジャーを取り替えてみましょう。

どうやらしあわせは、大きくて特別なものではなく、お金で手に入れられるものでもないようです。

むしろ、小石と小石の隙間に入るくらい小さいもので、足元に転がっているもの。その小さなしあわせを見つけて喜ぶと、次のしあわせを見つけやすくなります。こうしてしあわせは、見つけてくれる人のところに集まってくるのです。

しあわせの条件を満たすのに、多くをそろえる必要はありません。自分の力で見つけたものを喜んで大切にできたなら、本当のしあわせは自然とあなたの元に集まってきます。

epilogue

おわりに

この仕事を始める前、離婚してシングルマザーになったばかりの私は、二人の子育てで必死でした。焦りや不安でいっぱいで、けれど、がんばっても思うようにいかない……。

開き直って人生のハンドルを投げ出した時、奇跡が起こり始めました。今暮らしている山の家もそのひとつ。不動産会社から情報が送られてきて、驚きました。あまりにも私が望んでいた理想の家だったから。すぐに埼玉からこの栃木の山に、犬とともに引っ越しました。アカゲラの木をつつく音、真夜中のふくろうの声、はじめて聞きました。一面の雪景色、薪ストーブの炎。癒されます。とれたての野菜やはちみつ、家がそのまま緑のカフェになる。広いドッグランまでついて